AF260166

# BIJOUX ET JOYAUX

De S. M. la Reine

## ISABELLE DE BOURBON

COMMISSAIRES-PRISEURS :

**Mᵉ DUBOURG**
rue Laffitte, nº 9

**Mᵉ GUIDOU**
rue des Pyramides, nº 29

EXPERTS :

**M. DUMORET**
rue de la Paix, nº 5

**M. LAMARCHE-VINIT**
boulevard de la Madeleine, nº 11

# CATALOGUE

## DES

# DIAMANTS

## ANCIENS

## Émeraudes, Saphirs, Rubis, Perles

### Camées

APPARTENANT A S. M. LA REINE

## ISABELLE DE BOURBON

Dont la vente aura lieu

# A PARIS, HOTEL DES COMMISSAIRES-PRISEURS

### RUE DROUOT, 9, SALLES Nᵒˢ 8 ET 9

### Le Lundi 1ᵉʳ Juillet 1878, et jours suivants

#### A DEUX HEURES

Par le ministère de Mᵉ **DUBOURG**, Commissaire-Priseur, rue Laffitte, n° 9,

et de Mᵉ **GUIDOU**, son confrère, rue des Pyramides, n° 29,

Assistés de M. **DUMORET**, Joaillier-Expert, rue de la Paix, n° 5,

et de M. **LAMARCHE-VINIT**, son confrère, boulevard de la Madeleine, n° 11.

CHEZ LESQUELS SE TROUVE LE CATALOGUE

PARIS — 1878

# CONDITIONS DE LA VENTE

Elle sera faite au comptant.

Les Acquéreurs paieront CINQ POUR CENT, en sus du prix de l'adjudication, applicables aux frais de vente.

L'Exposition mettant les Adjudicataires à même de se rendre compte de l'état des Objets, aucune réclamation ne sera admise une fois l'adjudication prononcée.

# ORDRE DES VENTES

## PREMIÈRE VENTE

**Les Lundi 1ᵉʳ, Mardi 2, Mercredi 3, Jeudi 4, Vendredi 5 et Samedi 6 Juillet**

A DEUX HEURES

### EXPOSITIONS

| PARTICULIÈRE | PUBLIQUE |
|---|---|
| Le Samedi 29 Juin 1878 | Le Dimanche 30 Juin 1878 |

DE DEUX HEURES A CINQ HEURES

## DEUXIÈME VENTE

**Les Lundi 15, Mardi 16, Mercredi 17, Jeudi 18, Vendredi 19 et Samedi 20 Juillet**

A DEUX HEURES

### EXPOSITIONS

| PARTICULIÈRE | PUBLIQUE |
|---|---|
| Le Samedi 13 Juillet 1878 | Le Dimanche 14 Juillet 1878 |

DE DEUX HEURES A CINQ HEURES

## TROISIÈME VENTE

**Les Lundi 29, Mardi 30, Mercredi 31 Juillet, Jeudi 1ᵉʳ, Vendredi 2 et Samedi 3 Août**

A DEUX HEURES

### EXPOSITIONS

| PARTICULIÈRE | PUBLIQUE |
|---|---|
| Le Samedi 27 Juillet 1878 | Le Dimanche 28 Juillet 1878 |

DE DEUX HEURES A CINQ HEURES

## QUATRIÈME VENTE

**Le Lundi 5 Août et jours suivants s'il y a lieu**

A DEUX HEURES

### EXPOSITION PUBLIQUE

Le Dimanche 4 Août, de deux heures à cinq heures

# OBJETS MONTÉS

## DÉSIGNATION

1 — Remarquable paire de **BOUCLES D'OREILLES** composée de :                                         Karats.
Deux boutons en brillants pesant............   37 $^1/_2$ $^1/_{32}$
Deux pendeloques en brillants, forme poire,
pesant...................................   47 $^1/_4$ $^1/_8$

PIÈCE UNIQUE ET TRÈS-RARE.


2 — Très-belle **BROCHE** en brillants.
**PAPILLON** aux ailes déployées.
Le corps formé de quatre brillants.
La partie supérieure, surmontée d'un grand
brillant, pesant............................   22 $^3/_4$   »
La partie inférieure, terminée par une magni-
fique poire brillant, pesant..................   17 $^1/_4$   »
Monture argent.

PIÈCE IMPORTANTE.

3 — Magnifique **COLLIER**, à deux rangs **ÉMERAUDES** et **BRILLANTS**, composé de :

Trente et une boules émeraudes facettées.

Trente boules pavées de brillants avec calottes également en brillants.

Les deux rangs du Collier réunis par une broche en brillants avec émeraude au centre, et trois émeraudes poires entourées de brillants formant pendeloques. Monture or et argent.

4 — Magnifique **RIVIÈRE** composée de :

Trente-neuf gros chatons brillants.

5 — Deux **PENDELOQUES** composées de :

|  | Karats. |  |  |  |
|---|---|---|---|---|
| Deux gros brillants carrés pesant.... | 20 $^1/_4$ | $^1/_8$ | $^1/_{32}$ | $^1/_{64}$ |
| Deux brillants, forme poire, pesant... | 4 $^3/_4$ | $^1/_{16}$ | $^1/_{32}$ | » |

6 — Deux autres **PENDELOQUES** composées de :

|  |  |  |  |  |
|---|---|---|---|---|
| Deux gros brillants carrés pesant.... | 15 $^1/_{32}$ | » | » | » |
| Deux brillants, forme poire, pesant... | 4 $^1/_4$ | $^1/_8$ | $^1/_{16}$ | $^1/_{32}$ |

7 — **BRACELET** formé par deux chaînettes composées de :

Dix-huit brillants chacune avec entre-deux de feuillages en brillants.

La plaque faisant fermoir est formée d'un grand papillon également en brillants. Monture argent.

8 — Un autre **BRACELET**, même modèle.

9 — Jolie **PARURE**, **BRILLANTS** et **PERLES ROSES**, composée de :

**COLLIER** formé de dix fleurs et feuillage en brillants et vingt perles roses.

**BROCHE**, fleurs et feuillage en brillants et six perles roses.

**BRACELET**, fleurs et feuillage en brillants et trois perles roses.

Une paire de **BOUTONS** et **PENDANTS** d'oreilles en brillants et quatre perles roses.

*(Ce numéro sera divisé).*

10 — **BRACELET** composé de vingt-deux perles enfilées et d'un chaton gros brillant comme fermoir.

11 — Grande et belle **CEINTURE**, composée de trèfles et barrettes en jacinthes et brillants, terminée par deux glands en jacinthe et brillants. Monture en argent.

12 — **BROCHE** en brillants.

**PETIT PAPILLON** aux ailes déployées.

13 — **LIVRE D'HEURES** avec couverture en or massif, enrichi de diamants et orné de deux peintures sur émail entourées d'ornements en or ciselé et feuillage émail vert en relief sur fond émail rose.

TRAVAIL REMARQUABLE.

14 — Riche **RELIQUAIRE** orné de sept gros brillants. Au centre se trouve un agneau en roses avec guirlandes de feuilles émeraudes brillants et rubis. Monture or.

15 — **RIVIÈRE** composée de cinquante-cinq chatons brillants.

16 — Quarante **CHATONS** en brillants.

17 — Très-grande et riche **BROCHE DE CORSAGE.**
Bouquet en brillants, réuni par un nœud également en brillants.
Gros brillant faisant le centre d'une fleur.

*Ce numéro sera divisé.*

18 — **BROCHE** épaulette.
Nœud et aiguillettes en brillants, montés en or
et argent, ornée d'une poire perle et d'une pende-
loque grosse émeraude taillées pesant.......... 54 $^1/_4$ $^1/_8$   Karats

19 — Une autre **BROCHE** épaulette, même modèle.
L'émeraude taillée pesant ................. 50 $^1/_4$ »

20 — **BROCHE** épaulette montée en argent, chute de chatons en brillants, nœud et glands également en brillants.

21 — **COLLIER** de perles et brillants composé de :
Dix-huit poires perles.
Dix-huit demi-perles avec entre-deux de chatons et entourage
de brillants.
Monture argent.

22 — Une paire de **BOUCLES D'OREILLES** composée de :
Deux demi-perles, entourage de brillants.
Deux poires perles.
Monture argent.

23 — Grande **BROCHE** composé de :
Deux plaques reliées entre elles par deux chaînettes. Le tout
enrichi de brillants, sept perles rondes et sept poires perles.
Monture argent.

24 — **BROCHE** fantaisie, avec ornements en brillants blancs, chatons et pendeloques en brillants de différentes couleurs.
Monture or et argent.

25 — Deux autres Broches fantaisie, plus petites.
*Ce numéro sera divisé.*

26 — **BRACELET**, chaîne gourmette, composé de :
Treize anneaux en brillants.
Plaque pouvant recevoir un portrait, avec entourage de seize
brillants.
Monture argent.

27 — Un autre **BRACELET**, même modèle.

28 — **BROCHE**, pendant de cou pour portrait.
Bélière et entourage de vingt brillants.
Monture argent.

29 — **BRACELET**, huit rangs de perles enfilées, avec fermoir
fleurs et feuilles en brillants.
Monture en argent.

30 — Un autre **BRACELET**, même modèle.

31 — **BRACELET** composé de :
Tour de bras fleurs feuilles et ornements en brillants.
Plaque avec double entourage de brillants pouvant recevoir un
portrait.
Monture argent.

32 — **BROCHE**
Deux grosses opales bouton et poire, entourage en brillants et
fond pavé de roses.
Monture or et argent.

33 — Trois **BROCHES** fleurs tulipes.
Rayons en brillants et émail bleu.
Monture or.

*Ce numéro sera divisé.*

34 — **BROCHE** ronde.

Émeraude cabochon.

Rayons rubis et brillants.

Pendeloques poire perle.

Monture or.


35 — **BROCHE** carrée, entourée de deux rangs de brillants.

(La pierre du centre manque.)

Monture or.


36 — **BROCHE** brillants avec cinq émeraudes.

Monture or.


37 — **BROCHE** émeraude entourée de brillants.

Grecque en roses.

Monture or.


38 — **BROCHE** avec pendeloque grenat cabochon et brillants.

Monture argent.


39 — Une paire de **BOUCLES D'OREILLES** avec brillants,

rubis et poires perles.


40 — Belle **BROCHE** en brillants, formée d'un cercle et rubans

avec centre et pendeloque gros brillants.

Monture argent.

41 — Une **CHATELAINE** Louis XV, or de couleur, avec brillants et roses, ornée de cinq peintures sur émail.

42 — **ÉVENTAIL.**
Monture en or de différentes couleurs.
Brillants et rubis, sujets émaillés.
Branches nacre, avec application d'or.

43 — **BRACELET** chaîne souple, or gravé.
Camée (Tête de nègre).
Entourage en brillants.

44 — **BROCHE** camé (sujet mythologique).
Entourage en brillants.

45 — **BRACELET** or gravé.
Camée (Tête d'homme casqué).
Orné de douze brillants.

46 — Une paire de **BOUTONS D'OREILLES.**
Aigues-marines entourées de brillants.
Monture argent.

47 — Une paire de **BOUCLES D'OREILLES.**
Pendants opales et brillants.
Monture or.

48 — **PARURE** mosaïques et brillants, composée de :
Boucles d'oreilles, broche et plaque de bracelet.


49 — **PEIGNE** composé de :
Cinq rangs pavés de cent cinquante-cinq brillants.
Monture or.


50 — **MONTRE** or et émail bleu, ornée de roses.


51 — **BROCHE**, forme cœur.
Entourage de brillants.
Bélière en roses.
Monture argent.


52 — **BROCHE** améthyste, entourage de perles.
(*Dieu vous garde*) incrusté en roses.


53 — **BROCHE** avec pendeloque améthyste.
Entourages perles et diamants.
Monture or.


54 — **MONTRE** or et émail noir, enrichie de diamants et rubis.


55 — Deux **ÉPINGLES** boules, pavées de brillants, rubis et
émeraudes.
Monture argent.

56 — Une paire de **BOUTONS D'OREILLES** avec pendeloques demi-perles grises et pavés de diamants et rubis,
forme poire.

57 — **BRACELET** or mat gravé, composé de :
Deux bandes de brillants.
Six étoiles émeraudes et brillants.

58 — **BRACELET** bande plate, or mat et émail noir.
Ornements et étoile, rubis et brillants.
Cristal entouré de brillants.

59 — **BRACELET** or mat.
Plaque ornée d'une opale et d'une émeraude.
Entourage en brillants.

60 — **BRACELET** or mat et émail ; rondelle turquoises taillées,
brillants au centre ; deux brides demi-perles, double
rangée de chaînettes or mat, soutenant un médaillon,
figures égyptiennes émaillées.

61 — **BRACELET** émail bleu avec trois perles et ornements en
brillants.

62 — **BRACELET** or mat, orné d'un grenat cabochon et de
quatre brillants.

63 — **BRACELET** cinq chaînes plates, or mat.

Plaque ornée d'un brillant au centre entourée de dix émeraudes et brillants.

64 — **BRACELET** or ciselé avec cercle de brillants pouvant recevoir un portrait.

65 — **BRACELET** or, orné de rubis et brillants.

Plaque ovale, entourage de rubis et brillants.

66 — **BRACELET** composé de :

Six plaques en jade vert.

Six carrés d'entre-deux, rubis et roses.

67 — **BRACELET** or mat, avec maillons en émail noir, rubis et brillants.

68 — **BRACELET** or, émail vert et bleu, avec bouquets, brillants et perles.

69 — **BRACELET** or mat, avec médaillon orné de douze brillants.

70 — **BRACELET** or gravé et émail bleu.

Plaque ouvrante ornée d'une opale entourée de brillants et roses.

71 — **BRACELET** or poli avec enlacement de brillants et rubis, filet émail noir.

72 — **BRACELET** chaîne tissu, or mat.
Plaque émail noir brillants et perles d'Écosse.

73 — **BRACELET** carré or mat, orné d'un saphir, palmettes brillants et roses.

74 — **BRACELET** or, chaîne souple gravée avec écusson et couronne, orné d'une perle sur émail rouge, vert et blanc.

75 — **BRACELET** or, enlacement émail bleu, trois ornements en brillants.

76 — **BRACELET** or mat gravé.
Boutons, perles et demi-perles.
Émail noir, griffes en roses.

77 — **BRACELET** chaîne or poli pouvant recevoir un portrait.
Enlacements en brillants et émail rouge.

78 — **BRACELET** or mat gravé.
Cinq boules jaspes avec rubis et brillants.

79 — **BRACELET** or gravé, émail vert et blanc.
Six émeraudes et croisillons en brillants.


80 — **BRACELET** or gravé, demi-perles et rubis avec une
coquille, brillants et perles, émail bleu.


81 — **BRACELET** huit rangs de perles noires enfilées.
Trois barrettes émeraudes et brillants.


82 — Une **CROIX** et un **CŒUR** en brillants.
Monture argent.


83 — Six **PLAQUES** demi-perles et brillants.
Une Agrafe, Chimères en brillants.
Deux Perles rondes avec un brillant au centre.


84 — Deux **ÉPINGLES** de coiffure, ornements en roses et émail
rouge.


85 — Une **CHATELAINE** en émail turquoise, ornée de brillants
et roses.


86 — Une autre **CHATELAINE** en émail turquoise, avec brillants et roses.

87 — Un **FLACON** cristal avec ornementation en émaux de différentes couleurs.
Monture or mat.

88 — Un **PENDANT** de cou en or, onyx, rubis et brillants.

89 — Une paire de **BOUCLES D'OREILLES**, quatre émeraudes avec croisillon en brillants.

90 — Une paire de **BOUCLES D'OREILLES**, grecque en roses, avec brides en rubis et entre-deux de brillants.

91 — Une paire de **BOUCLES D'OREILLES** créoles.
Pendeloques et brillants fantaisie.
Monture argent.

92 — **BAGUE**, formant bracelet, or et émail bleu, ornée d'un brillant.

93 — **BAGUE** ornée d'un brillant poire, avec deux cercles de diamants.

94 — **PEIGNE**, trois émeraudes et brillants.

# BRILLANTS SUR PAPIER

---

|  |  | karats |  |  |  |
|---|---|---|---|---|---|
| 95 — Huit brillants................. . ..... ... ....• | 29 | $^3/_4$ | $^1/_8$ | » | |
| 96 — Quarante et un brillants.... ......... .... . | 57 | $^1/_4$ | $^1/_{16}$ | » | |
| 97 — Cinquante-cinq brillants................... | 42 | $^2/_4$ | $^1/_8$ | $^1/_{16}$ | |
| 98 — Brillants recoupés, mêlés................. | 170 | $^3/_4$ | $^1/_{16}$ | » | |
| 99 — Brillants non recoupés.... •............. | 166 | $^1/_8$ | $^1/_{16}$ | » | |
| 100 — Brillants................................ | 16 | $^3/_4$ | » | » | |

# OBJETS MONTÉS

## DÉSIGNATION

**101 — PARURE ÉMERAUDES ET BRILLANTS.**

Grand et superbe **DIADÈME**,

Composé de deux rangs de brillants et un rang d'émeraudes
formant le bandeau, enrichi de treize ornements de brillants
en relief surmontés de sept plaques rondes ornées d'une
émeraude chacune, avec double entourage de brillants et six
entre-deux fleurs et ornements en brillants et émeraudes.

Magnifique **BROCHE de CORSAGE**,

Composée de deux grandes plaques émeraudes, entourées
et reliées par des chaînes gourmettes et des guirlandes en
brillants, avec huit pendants en brillants et émeraudes; un
gros brillant au centre.

Karats.

Une émeraude pesant........................ 166 ¹⁄₄

L'autre pesant............................... 60 ¹⁄₄

TRÈS-IMPORTANT

Grande et belle **BROCHE** carrée,

Composée d'une émeraude avec double entourage de brillants et de trois pendeloques facettées, forme poire, entourées de brillants.

L'émeraude pesant ...................... 43 karats ¹/₄

Une paire de **BOUTONS** et **PENDANTS D'OREIL-LES** émeraudes taillées, avec entourage et entre-deux de brillants.

Très-beau **BRACELET** orné d'une plaque émeraude entourée de trois rangs de brillants; tour de bras et ornements en brillants avec sept émeraudes.

Un autre **BRACELET** avec plaque ornée de cinq émeraudes et quadruple entourage de brillants; tour de bras et ornements de brillants avec cinq émeraudes.

Une **BROCHE**, de forme allongée, composée de trois émeraudes, avec entourage et ornements en brillants.

Le tout monté en or et argent.

*Ce numéro sera divisé.*


## 102 — PARURE TOPAZES ROSES ET BRILLANTS.

Magnifique et très-riche **COURONNE** formée de fleurons de brillants et ornée de quarante-neuf topazes roses.

**COLLIER** composé de douze plaques avec entre-deux de brillants, orné de vingt-six topazes roses de forme ovale et poire.

Une paire de **BOUTONS D'OREILLES** topazes roses entourés de brillants, avec pendants formés de trois briolettes topazes roses, entourage et ornements en brillants.

**BRACELET** composé de quatre plaques, ornements en brillants et quatre topazes roses au centre reliées par cinq chaînettes en brillants.

Un autre **BRACELET**, même modèle.

Le tout monté or et argent.

*Ce numéro sera divisé.*

103 — Magnifique et très-riche **CEINTURE** en brillants.

La plaque du centre est formée d'un serpent enlacé par des ornements en brillants. La gueule du serpent tient un ornement avec pendant, également en brillants.

Les deux côtés de la plaque formant la ceinture sont composés de dix-sept ornements, feuillage brillants.

**TRÈS-IMPORTANT**

104 — Grand et beau **COLLIER** de perles composé de onze rangs de perles enfilées (mille quatre-vingt-une) séparées chacune par une rondelle de petits brillants.

Le fermoir, de forme carré-long, est composé d'une rosace et d'ornements en brillants avec trois perles.

Monture en argent.

105 — Un **COLLIER DE PERLES NOIRES**, composé de quarante-six perles pesant 900 grains et d'une perle formant fermoir.

106 — **BROCHE** et **BOUCLES D'OREILLES PERLES NOIRES.**

La broche, formée d'une perle bouton, est terminée par une magnifique perle noire pesant 144 grains.

Les boucles d'oreilles composées de deux perles boutons.

Monture or et émail.

107 — Riche **BRACELET** en brillants.

La plaque du centre, pouvant recevoir un portrait, est formée par huit gros chatons en brillants, séparés par quatre fleurs de lis, palmes et couronne.

Le corps du bracelet est composé de deux rangs de chatons et de deux rangées d'ornements également en brillants.

Monture en argent.

108 — **BRACELET** composé de huit rangs de perles enfilées (deux cent dix-sept perles), avec plaque faisant fermoir, enrichie de neuf perles et ornements en brillants.

Monture en argent.

109 — Un autre **BRACELET**, même modèle (deux cent dix-huit perles).

110 — Une paire de **BOUTONS** et **PENDANTS D'OREILLES** en brillants.

Les pendants formés par un anneau et deux feuilles avec un magnifique brillant carré au bas.

Monture en argent.

111 — **PARURE TURQUOISES ET BRILLANTS**

composée de :

**COLLIER**, grande **BROCHE** de **CORSAGE**, **BRACELET** et **BOUCLES D'OREILLES**, avec têtes de chimère et ornements en brillants.

Monture en argent.

*Ce numéro sera divisé.*

**112 — BROCHE, BRACELET** et **BOUCLES** d'OREILLES.
Perles de couleur chocolat, tenues par une tête de chimère
en brillants et roses, avec filets émail bleu turquoise (Manque
la perle du bracelet).

**113 —** Demi-**PARURE** composée de :
**BANDEAU**, fleurs en brillants, rubis et perles, avec feuilles
mortes en émail; aiguillettes, brillants, rubis et perles.
**BROCHE** et **BOUCLES** d'OREILLES, même modèle.
Monture en or.

**114 — BROCHE DE CORSAGE** formée par une guirlande de
feuilles de laurier, avec pendants en brillants enlacés par un
ruban, topazes et rubis.
Monture en or.

**115 —** Deux **BELLES BROCHES** composées de fleurs, feuillages et aiguillettes en brillants.
Monture en argent.

**116 —** Quatre **BROCHES**, feuilles en brillants, formées chacune de
trois perles grises sur émail rouge et blanc, terminées par
deux anneaux en roses.
Monture en or.

**117 —** Trois **BROCHES** et un **BRACELET**, ornés de perles
grises et feuilles en brillants, avec anneaux émail vert et bor-
dures or gravé.

**118 — PLAQUE DE COU**, formée d'une poire perle et de deux perles boutons, avec ornements en brillants.
Monture en argent.

**119 — BROCHE** camée **SAPHIR**, entouré de brillants et de deux saphirs sur les côtés.
Monture en argent.

**120 — COLLIER, SAPHIRS** et **BRILLANTS**, formé par des ornements et pampilles en brillants et quatre saphirs.
Monture or et argent.

**121 —** Une paire de **BOUCLES** d'**OREILLES,** ornements en brillants avec deux saphirs.
Monture or et argent.

**122 — PLAQUE DE COU** en brillants et perles, composée d'ornements avec une magnifique perle entourée de brillants; au bas, une perle surmontée d'un gros brillant; sur les côtés, deux perles plus petites.
Monture en argent.

**123 — BROCHE EPAULETTE,** perles et brillants, ornements en chute, forme palmette, avec perles boutons et cinq poires perles.
Monture en argent.

**124 — COLLIER, SAPHIRS et BRILLANTS**, composé de huit plaques, avec guirlandes saphirs et brillants.
Monture or et argent.

*Incomplet.*

**125 — BROCHE ÉPAULETTE**, saphirs et brillants, composée d'ornements et pampilles.
Monture or et argent.

**126 — BROCHE** formée de trois saphirs, avec pendants et ornements en brillants.
Monture or et argent.

**127 — BANDEAU** formé de fruits et feuilles émail rose et vert, orné de brillants.

**128 — BRACELET** émail et rubis, orné de trois peintures (sujets bibliques).

**129 — BRACELET** émail et peinture sur or mat (style pompeïen).

**130 — BRACELET** émail gris de fer, avec trois anneaux gourmettes en brillants.

**131 — BRACELET**, brillants et roses, avec plaque émail turquoise (Agneau et attributs d'agriculture).

132 — **BRACELET**, or gravé, orné de quatre sujets, peinture sur émail.

133 — **BRACELET** souple, or gravé, avec six anneaux en grenats.

134 — **BRACELET**, or gravé, orné de cinq grenats tenus dans des griffes en roses.

135 — **BRACELET** boucle, or mat, orné de sept rubis.

136 — **BRACELET**, or gravé, orné de huit grenats cabochons.

137 — **BRACELET**, or gravé, filets émail bleu, orné de neuf fleurettes en brillants.

138 — Deux **BRACELETS** réunis par une chaîne, avec feuilles émail bleu sur fond or poli.

139 — **BRACELET**, serpent à ressort, or et émail bleu, avec brillants en relief montés sur argent.

140 — **BRACELET** pour cheveux, avec plaque pour portrait, entourage rubis, brillants et sept perles.

141 — **BRACELET**, maillons or mat, avec un médaillon, cinq émeraudes et quatre brillants.

142 — Deux **BRACELETS**, formés chacun par six plaques en brillants, saphirs au centre.
Montures en argent.

143 — **BRACELET**, double gourmette or mat, orné de deux grenats cabochons, avec entre-deux en brillants.
Monture en argent.

144 — Beau **BRACELET**, chaîne gourmette, avec médaillon cœur, pavés de turquoises et brillants.

145 — **BRACELET** composé de sept boules, émail noir, avec étoiles en roses, et de sept boules or, avec turquoises.

146 — Deux **BRACELETS**, style indien, en or massif.

147 — **BRACELET** armure, gantelet émail gris de fer, orné d'émeraudes, rubis et roses.

148 — **BRACELET** chaîne-câble, avec quatre médaillons or mat.

149 — **BRACELET** or rouge repercé, avec peinture ovale entourée de roses.

150 — **BRACELET** or mat, orné de vingt-six grenats cabochons.

151 — **BRACELET** formé de cinq plaques carrées demi-perles et rubis et de cinq macarons perles, demi-perles, rubis et brillants.

152 — Trois **BRACELETS** jonc, avec cristal ovale pour cheveux et entourage de roses.

153 — **BRACELET** boucle, or gravé et émail bleu, avec trois brides et entourage en brillants.

154 — **BRACELET** souple, or poli, turquoises avec chatons en roses et émail noir.

155 — **BRACELET, BROCHE** et **BOUTONS D'OREIL-LES** or mat filigrane, ornés de boutons onyx, étoiles inscrustées en roses et demi-perles.

156 — **BONBONNIÈRE** or et argent, motifs repoussés, ornée de rubis, émeraudes et perles.

157 — **HOCHET** en or massif avec figurines; cercle formé de brillants, rubis, saphirs, émeraudes et opales; manche en corail.

158 — **MÉDAILLON** or rouge repercé. avec applique de quatre turquoises et une perle.

159 — **MÉDAILLON** grenat concave, avec marguerite au centre, entourage de perles.

160 — **MÉDAILLON** mosaïque or mat (Tête de Christ).

161 — **MÉDAILLON** or mat, AEI émeraudes, rubis et roses.

162 — **MÉDAILLON** or mat avec croix AEI incrustés en roses.

163 — **COLLIER** couleuvre, émail vert, noir et blanc.

164 — Petit **COLLIER** et une paire de **BOUCLES D'OREILLES** avec perles, brillants et émail bleu.

165 — **COLLIER** et **BOUCLES D'OREILLES** or mat, formés de petites plaques rondes avec brillants, rubis, émeraudes et demi-perles.

166 — **COLLIER** et **BOUCLES D'OREILLES** demi-boules or mat, avec pendants, demi-boules grenat ornées d'étoiles en roses avec entre-deux de perles.

167 — **COLLIER.** Cinq demi boules cristal avec étoiles émeraudes et roses.
Une paire de **BOUTONS D'OREILLES**, même modèle.

168 — Une paire de **BOUCLES** et **PENDANTS D'OREILLES**
cristal de roche, avec papillons en brillants, rubis et roses.

169 — Une paire de **BOUCLES D'OREILLES** grenats et roses
(Insectes).

170 — Une paire de **BOUTONS** et **PENDANTS D'OREIL-
LES** améthystes, entourage de demi-perles.

171 — Une paire de **BOUCLES D'OREILLES** créoles, ornées de
poires émeraudes cabochons et cercles en roses.

172 — Demi-**PARURE** or mat, **BROCHE** et trois **BOUTONS
DE MANCHETTES** fleurs de lis incrustées en roses
sur fond mat.

173 — **BROCHE** cristal de roche avec milieu et entourage de
turquoises.

174 — **BROCHE** et **BOUCLES D'OREILLES**, ornement or
gravé avec opales et rubis.

175 — **BROCHE** ronde, or mat et rubis, avec fleurettes en roses dont
le centre est formé d'une perle.

176 — **BROCHE** ronde or mat, rubis et roses.

177 — Petite **BROCHE** formée de deux grenats taillés en coquilles, ornée de perles et roses.

178 — **BROCHE** camée lapis avec entourage de perles.

179 — **BROCHE** ruban, or mat, filets émail noir avec turquoises.

180 — **BROCHE**, forme de livre, peinture sur émail (Sujet religieux).

181 — **BROCHE** or mat (Oiseau).

182 — Trois **BROCHES** ornées chacune d'un grenat cabochon, brillants et émeraudes.
Montures or gravé.

183 — **BROCHE** ronde, or mat, avec fleurs de lis en roses.

184 — Demi-**PARURE, BROCHE** et **BOUCLES D'OREIL-LES** or mat, style étrusque.

185 — **BROCHE** et **BOUTONS D'OREILLES** bluets en émail, pistils en roses.

186 — **MONTRE**, double boîtier émail noir avec roses.

187 — **MONTRE** boule, or mat filigrane, avec chaîne Léontine garnie de perles.

188 — **MONTRE** microscopique en or.

189 — **MONTRE** faisant broche avec paysage sur émail.

190 — **MONTRE**, peinture sur émail avec entourage de demi-perles.

191 — **MONTRE** de dame, fond lapis uni.

192 — **MONTRE** et **CROCHET** en ivoire.

193 — **BAGUE** ouvrante, ornée d'une opale entourée de roses avec brillants sur les côtés.

194 — Trois **BOUTONS DE MANCHETTES**, cercles de rubis et roses.

195 — Une paire de **BOUTONS DE MANCHETTES** améthystes, avec peintures sur émail (Sujet religieux).

196 — Une paire de **BOUTONS DE MANCHETTES** améthystes avec quadrille inscrusté de roses et entourage de demi-perles sur fond mat.

197 — Deux **BOUCLES** en or poli, ornées d'émeraudes.

198 — Deux **ÉPINGLES DE COIFFURE** boule or mat, ornées de turquoises avec pampilles.

199 — **CROIX** or mat, ornée de sept étoiles demi-perles et roses inscrustées.

200 — **PORTE-PLUME** écaille, garniture or et turquoises.

# OBJETS MONTÉS

## DÉSIGNATION

201 — Magnifique et très-riche **DIADÈME.**

Formé d'un cercle de brillants, surmonté de douze fleurs de lis, gros brillants et entre-deux, ornements également en brillants.

Monture argent.

**TRÈS-IMPORTANT**

202 — Remarquable **COLLIER DE PERLES.**

Composé de :                                                   grains

Un rang de trente-sept grosses perles, pesant........   1,570

et fermé par un gros chaton brillant.

Au-dessous :

Une splendide et unique **PERLE-POIRE,** formant

pendant, et pesant...............................   237

**TRÈS-IMPORTANT**

**203** — Magnifiques **BOUCLES D'OREILLES**.

Composées de :

BOUTONS et POIRES PERLES, avec entre-deux de brillants.

grains

Les Boutons pesant.................................... 80

Les Poires pesant.................................... 305

UNIQUE

**204** — Grande et riche **PARURE, SAPHIRS** et **BRILLANTS**, composée de :

COURONNE DUCALE, formée d'un bandeau et arceaux en brillants et saphirs surmontés de quatorze fleurons brillants, avec saphir au centre, et de quatorze entre-deux, saphir et brillants.

COLLIER, formé de six fleurons brillants, avec saphir au centre, et entre-deux chaînettes de brillants, formant guirlandes.

Grand ORNEMENT de CORSAGE, formé de dix fleurons en brillants, avec saphir au centre; entre-deux saphirs et brillants; de chaque fleuron s'échappent des guirlandes et pendants formés de saphirs et brillants.

BROCHE-ÉPAULETTE, formée d'un fleuron brillants orné d'un saphir au centre, avec guirlandes, pendants et ornements en saphirs et brillants.

Une autre BROCHE-ÉPAULETTE, même modèle.

BRACELET, formé d'un cercle, anneaux et chaînettes en brillants, surmontés de six fleurons brillants, ornés chacun d'un saphir au centre, avec entre-deux de gros saphirs.

Monture or et argent.

*Ce numéro, très-important, sera divisé.*

205 — **BANDEAU** (style gothique), perles et brillants, composé de cercles et ornements en brillants, et de dix-neuf grosses perles forme poire.

Monture argent.

206 — Quatre **BROCHES**, formées chacune de feuilles et ornements, avec gros brillants.

Monture argent.

*Ce numéro sera divisé.*

207 — **BROCHE** ovale, avec une grosse perle noire au centre, entourée de treize brillants et émeraudes.

Monture en or.

208 — **AGRAFE** de **CEINTURE**, composée de trois plaques : celle du centre, ornée d'un gros brillant, avec entourage de perles; celles des côtés, avec ornements en brillants.

Monture argent.

209 — **PENDANT** de **COU**, forme fleur de lis, en brillants émail bleu.

Monture or et argent.

210 — **PARURE, AMÉTHYSTES** et **BRILLANTS**, composée de :

Un **COLLIER** de vingt-six améthystes, chatons et pampilles en brillants.

Cinq **BROCHES**, avec fleurs et feuilles, en brillants, aiguillettes, améthystes et brillants.

**BOUTONS** et **PENDANTS D'OREILLES** améthystes, entourage de brillants.

Deux **ÉPINGLES** de coiffure améthystes, avec fleurettes en
brillants.

Monture or et argent.

**211 — DEMI-PARURE,** composée de :

**COLLIER** formé de guirlandes or, rouge et émail noir, avec
brillants et demi-perles ; au centre une plaque demi-lune et
une étoile ornée de brillants et demi-perles.

**BOUCLES D'OREILLES,** même modèle.

**212 — DEMI-PARURE,** composée de :

**BANDEAU** formé de guirlandes boutons de roses, émail
rouge et brillants, avec entre-deux de feuilles, émail vert,
réunis par une rose émaillée avec brillants.

Bracelet or, boutons de roses, feuilles émail vert et brillants ; au
centre, une mouche rubis et brillants.

**213 — PARURE** boutons et glands en **PERLES,** avec **TUR-
QUOISES,** composée de :

**BANDEAU** et deux pendants.

**BROCHE** et **BOUCLES D'OREILLES.**

**COLLIER** et **BRACELET.**

Monture or mat ciselé, émail rouge et noir.

**214** — BANDEAU, or mat gravé, composé de cinq ornements émail vert et blanc, enrichis de rubis brillants et perles.

**215** — **PARURE,** boutons et poires CORAIL (style mauresque).
Monture or et argent, émail noir, composée de :
BANDEAU et COLLIER.
PEIGNE et BOUCLES D'OREILLES.
ÉPINGLES de COIFFURE.
Trois BROCHES et deux BRACELETS.

**216** — BANDEAU formé de fleurs et feuilles, en émail rouge et vert, brillants, perles et roses.

**217** — **PARURE** grecque, or mat, composée de :
BANDEAU et COLLIER.
PEIGNE et BRACELET.
BROCHE et PENDANTS D'OREILLES.

**218** — BOUCLES D'OREILLES, filets émail bleu turquoise, chimère en roses, tenant une demi-perle noire.

**219** — **PARURE LAPIS, BRILLANTS** et **PERLES,**
composée de :
COLLIER, CHATELAINE et AUMONIÈRE,
BROCHES et CEINTURE, formés d'ornements brillants et or gravé, avec enlacements de serpents émail vert.

**220 — DEMI-PARURE** composée de :
BROCHE et BOUCLES D'OREILLES or mat, ruban
émail blanc au centre.
BRACELET, même modèle, avec chaîne tissu or mat.

**221 — PARURE**, grenats, émail vert et rose, composée de :
COLLIER, BROCHE et BOUCLES D'OREILLES,
avec boutons et pampilles.

**222 —** Une paire BOUTONS D'OREILLES, brillants, filets
émail bleu, et roses.

**223 —** BOUTONS et PENDANTS D'OREILLES, chatons
émail noir, avec appliques pavées de brillants.

**224 —** COLLIER, chaîne or mat, orné de dix-sept boules de corail,
avec perles et brides en roses, filets émail noir.

**225 —** BROCHE et BOUCLES D'OREILLES or mat et
émail noir, ornées de perles et roses.

**226 — PARURE** or gravé, avec peintures sur émail (Doges et Lion
de Venise).
Composée de BRACELET, BROCHE, BOUTONS
D'OREILLES et CHAINE Léontine, avec crochet.

227 — **BROCHE** et **BOUCLES D'OREILLES**, or mat gravé
(Mouches).

228 — Deux **ÉPINGLES** de coiffure, boules et chaînettes or mat,
avec grenats.

229 — **BOITE** en or mat, avec émail bleu turquoise, contenant de
l'or en pépite.

230 — **MÉDAILLON** cristal, cercle or poli, orné d'une mouche,
perle, saphir et roses.

231 — **MONTRE** d'homme, double boîte en or guilloché.

232 — **MONTRE** renfermée dans une rose en or ciselé.

233 — **CHAINE** de dame or poli, avec entre-deux de boules de
corail et émail vert.

234 — Deux **EPINGLES** de coiffure pavées de cercles en grenats et
de demi-perles.

235 — Une paire **BOUCLES D'OREILLES** or mat, avec barrettes turquoises taillées et entre-deux demi-perles.

236 — Deux petites **ÉPINGLES** ornées d'émeraudes cabochons avec entourage de roses et émail rouge, reliées par une chaînette garnie d'émeraudes.

237 — **COLLIER** avec croix et **BOUCLES D'OREILLES**, formés de rubans or mat, ornés de turquoises et brillants.

238 — **CACHET** armure or mat ciselé et perle baroque.

239 — Une paire **BOUCLES D'OREILLES** anneaux or poli, ornées de quatre émeraudes cabochons avec entourage de roses.

240 — Deux **ÉPINGLES** de coiffure, corail enlacé, surmontées d'une rose.

241 — **MÉDAILLON** cristal bombé, cercle en or.

242 — Une paire **BOUCLES D'OREILLES** formées de boules de cristal facetté, avec entre-deux rubis.

243 — Une paire **BOUCLES D'OREILLES**, boutons et poires cristal, entre-deux rubis.

244 — Une **ÉPINGLE** formée d'une chimère en roses, tenant un cœur rubis.

245 — **BAGUE** formée de huit chatons, pierres de couleur variées.

246 — **BAGUE** jonc, ornée de cinq brillants.

247 — **BAGUE** ornée au centre d'un brillant, table avec pierres variées et perles sur le corps.

248 — **BAGUE** camée (Tête d'homme).

249 — **BAGUE** agate herborisée, entourée de rubis.
Monture or massif,

250 — Quatre petites **PLAQUES** feuillage brillants.
Monture argent.

251 — **BAGUE** pour cheveux, deux cercles et chaton en brillants.
Monture argent.

252 — **BAGUE** jumelle or et émail noir, ornée d'un rubis, d'une émeraude et de deux demi-perles.

253 — **BAGUE** lapis carrée, avec incrustations et fleurs de lis en roses.

254 — Une paire **BOUCLES D'OREILLES** chaîne or mat, avec deux camées.

255 — **BROCHE** de châle, deux têtes de chiens en argent oxydé, tenant un fouet or mat.

256 — **BRACELET** et **BOUCLES D'OREILLES** or poli émail noir, avec enlacements et ornements en roses.

257 — Beau **BRACELET** or et émail bleu turquoise, enrichi de brillants, pouvant recevoir un portrait.

258 — **BRACELET** souple, filets émail bleu turquoise, orné de feuilles en brillants et de neuf perles.

259 — **BRACELET** chaîne souple or gravé, avec dix-neuf breloques.

260 — **BRACELET** or mat, maillons carrés émail noir, appliques et brides brillants et roses.

261 — **BRACELET** chaîne souple or mat gravé, orné d'une applique formant quatre croix grenats et entourage de roses.

262 — **BRACELET** carré or mat et émail noir, orné de demi-perles et émeraudes.

263 — **BRACELET** or gravé, avec plaque pour portrait, orné de quatre feuilles en émeraudes et de quatre brillants.

264 — **BRACELET** avec anneaux or mat, orné au centre d'un bouton corail.


265 — **BRACELET** maillon avec cœur, orné de treize grenats
cabochons, entourages en roses.
Monture argent.


266 — **BRACELET** or poli gravé et émail bleu, avec plaque pour
portrait, orné de brillants et roses.


267 — **BRACELET** maillons carrés or mat, orné d'une croix
brillants incrustés au centre.


268 — **BRACELET** or vert avec la devise :

« *Honi soit qui mal y pense.* »


269 — **BRACELET** tronc d'arbre or mat gravé, avec chaînettes
tenant une croix et deux boules corail.


270 — **BRACELET** à ressort formé d'un serpent émail vert, avec
les yeux en brillants.


271 — **BRACELET** or mat, avec grecque ornée d'une topaze.


272 — **BRACELET** chaîne souple or gravé, avec cinq médaillons
ornés de grenats.

273 — **BRACELET** ruban or gravé et poli, avec boucle demi-perlés.

274 — **BRACELET** maillons carrés or poli, avec six plaques ouvrantes.

275 — **BRACELET** or et émail noir incrusté de roses (Mausolée et étoiles).

276 — **BROCHE** or mat filigrane avec jaspe rouge (Tête égyptienne or ciselé en relief).

277 — **BRACELET** or mat gravé, orné de trois rondelles et cinq pendants boules lapis au centre.

278 — **BRACELET** bande plate carrée, avec ornements gravés or poli.

279 — Grande **CROIX** carrée or mat filigrane.

280 — **CROIX** et **COLLIER** or mat.

281 — Grande **CROIX** or poli et gravé, pouvant recevoir des reliques.

282 — **CROIX** or et mosaïque, ornée des armes papales.

283. — **BROCHE** enlacement or poli, avec sujets en argent oxydé
et breloques diverses.


284 — **BROCHE** émail bleu et blanc, ornée de deux émeraudes et
brillants.


285 — **BROCHE** étoile formée de huit branches en améthystes et
ornée d'une autre étoile demi-perles et roses.
Monture or mat.


286 — Cinq **BROCHES** et une **ÉPINGLE** de coiffure ornées de
de grenats cabochons avec fleurs en roses.
Monture or et argent.


287 — Jolie **BROCHE** ronde, ornée d'un brillant noir au centre
entouré d'un rang de brillants blancs et d'une grecque en
roses avec une pendeloque perle rose.
Monture en or.


288 — **BROCHE** ronde avec applique onyx, croix rubis et tête de
chérubin, peinture sur émail incrusté, bordure or mat émeraudes et roses.


289 — **BROCHE** ronde or mat filet émail noir, ornée d'une applique
demi-perles et turquoises taillées, brides en rose.

290 — **BROCHE** ronde filigrane or mat, avec centre demi-perles et turquoises taillées.

291 — **BROCHE** ronde or mat et poli, avec quatre turquoises taillées au centre.

292 — Broche mosaïque formée de deux carrés or et émail noir ; au centre, le mot PAX.

293 — **BROCHE** de châle formée d'un écusson or poli et de deux plaques or ciselé, avec brides en roses.

294 — **BROCHE** de châle et **BOUTONS** de manchettes or mat, avec mosaïques.

295 — **BROCHE**, composée de quatre fleurs émail bleu turquoise ornée de brillants, perles et rubis.

296 — **PORTE-CRAYON** en or avec un cachet saphir.

297 — Quinze **APPLIQUES** avec demi-perles.

# RUBIS, ÉMERAUDES ET PERLES

## SUR PAPIER

—

|  |  | grains |
|---|---|---|
| 298 — Une **PERLE** ovale, pesant.............. | | 136 |
| 299 — Huit **PERLES**, pesant.................. | | 405 |
| 300 — Dix-neuf **PERLES**, pesant............. | | 469 |
| 301 — Vingt-six **PERLES**, pesant............. | | 435 |
| 302 — Seize **PERLES**, pesant................. | | 137 |
| 303 — Trois cent quatre-vingt-neuf **PERLES**, pesant............................... | | 1.098 |
| 304 — Un lot de **PERLES**, pesant............. | | 608 |

|  | karats |  |  |
|---|---|---|---|
| 305 — Sept **RUBIS** taillés, pesant.............. | 12 | $^2/_4$ | $^1/_8$ |
| 306 — Huit **RUBIS**, pesant.................... | » | » | |
| 307 — Vingt-trois **ÉMERAUDES** taillées, pesant. | 17 | $^1/_4$ | » |
| 308 — Vingt-quatre **ÉMERAUDES**, pesant.... | » | » | » |

# QUATRIÈME SÉRIE

Cette Vente comprendra :

1° Des Camées anciens et modernes ;

2° De nombreux Bijoux de fantaisie ornés de diamants, perles, pierres de couleur et peintures sur émail, tels que : Colliers, Parures, Broches, Bracelets, Boucles d'oreilles, Bagues, Médaillons, etc. ;

3° Montres en or ;

4° Diamants et Perles non montés.

Le Catalogue sera distribué ultérieurement.

Vᵉˢ Renou, Maulde et Cock, imprˢ de la Compagnie des Commissaires-Priseurs, rue de Rivoli, 144.　　　　86124

----~~~~----

Vᵉˢ RENOU, MAULDE ET COCK

IMPRIMEURS DE LA COMPAGNIE DES COMMISSAIRES-PRISEURS

Rue de Rivoli, 144

----~~~~----